DATE DUE

mis juegos • my games

George Ancona

With Alma Flor Ada and F. Isabel Campoy
Language Consultants

Children's Press® A Division of Scholastic Inc.
New York · Toronto · London · Auckland · Sydney · Mexico City · New Delhi · Hong Kong · Danbury, Connecticut

To Marie O'Neill

Thanks to the people who helped me produce this book: to Carlos Tomé, who introduced me to the Ortiz family; Federico Ortiz and his family; to Belinda Armendáriz and her family; and to Daniel Martinez and Gaye Baca, teachers at the Sweeney Elementary School in Santa Fe, New Mexico.

Gracias,
G.A.

Library of Congress Cataloging-in-Publication Data

Ancona, George.
  Mis juegos = My games / George Ancona ; Alma Flor Ada & F. Isabel Campoy, language consultants.
       p. cm. — (Somos latinos)
  Parallel Spanish and English text.
  Includes bibliographical references and index.
  ISBN 0–516–25293–3 (lib. bdg.)   0–516–25498–7 (pbk.)
  1. Games—United States—Juvenile literature. 2. Mexican American children—Social life and customs—Juvenile literature. 3. Argentine American children—Social life and customs—Juvenile literature. 4. Children of immigrants—United States—Social life and customs—Juvenile literature. I. Title: My games. II. Ada, Alma Flor. III. Campoy, F. Isabel. IV. Title.
  GV1204.12.A63 2005
  790.1'922—dc22
                                                          2005004017

© 2005 by George Ancona
Drawings by Belinda Armendáriz and Federico Ortiz
Photo top p. 32 © Helga Ancona
All rights reserved.
Published in 2005 by Children's Press, an imprint of Scholastic Library Publishing.
Published simultaneously in Canada.
Printed in the United States of America.
1 2 3 4 5 6 7 8 9 10 R 14 13 12 11 10 09 08 07 06 05

Contenido • Contents

Introducción

Conocí a Belinda después de haberla visto jugar un partido de baloncesto. En casa juega con su hermano y sus amigos del barrio. Su madre le enseña los juegos que ella jugaba cuando era pequeña y vivía en México.

A Federico y a su padre les gusta jugar al fútbol. Su padre jugaba en Argentina y ahora es el entrenador del equipo de Federico. Él también le ha enseñado a su hijo algunos de los juegos que jugaba de pequeño en Argentina.

Al hablar español y jugar juntos, Belinda, Federico y sus familiares mantienen vivo el recuerdo de los países que sus padres dejaron atrás.

Introduction

I first met Belinda after I saw her play in a basketball game.
At home she plays with her brother and her neighborhood friends.
Her mother shows her games that she played as
a little girl in Mexico.

Federico and his father both love to play soccer. His father
played in Argentina, and he now coaches Federico's team. He
too has taught his son some of the games that he played
as a boy in Argentina.

By speaking Spanish and playing games, Belinda, Federico,
and their families keep alive the memory of the
countries their parents left behind.

Hola, me llamo Belinda. Soy del equipo de baloncesto "Los Cougars". Estábamos perdiendo en el último partido del torneo. Pero nuestro entrenador nos animó a que jugáramos lo mejor posible, ¡y ganamos en los últimos cinco segundos del partido!

Hello, my name is Belinda. I'm on a basketball team called the Cougars. We were losing in the final game of the tournament. But after our coach told us to do our best, we won in the last five seconds of the game!

En casa mis amigos y yo jugamos a patear la lata.
Yo cierro los ojos y cuento hasta cincuenta mientras todos
se esconden. Cuando encuentro a alguien, corro y golpeo
la lata con el pie.

At home, my friends and I play Kick the Can. I close
my eyes and count to fifty while everybody hides. When
I find someone, I run back and kick the can.

A mi hermano Luis y a mí nos gusta jugar a la Lotería. Cada uno tiene un cartón con dibujos. Del montón de cartas que están boca abajo, tomo una. Si en tu cartón está el mismo dibujo que en la carta, se pone un frijol en el cartón. El que consiga cuatro frijoles en un cuadro, gana.

My brother, Luis, and I like to play a game called *Lotería*. We each have a board with pictures. From a face-down deck of picture cards, I turn a card. If our board has the same picture, we put a bean on the board. The one who gets four beans in a square wins.

En la escuela saltamos a la cuerda mientras cantamos, "Chiles, tomates, cebollas y frijoles en la olla." Entonces gritamos, "Mole" y le damos más y más rápido a la cuerda hasta que el que salta se enreda.

At school we skip rope as we shout, "Chiles, tomates, cebollas, y frijoles en la olla." Then we yell, "Mole" and begin to turn the rope faster and faster until the jumper trips the rope.

También jugamos pelota pulga. Una pelota enorme se coloca en el centro de un cuadro formado por estudiantes. El maestro le da los mismos números a los cuatro lados. Cuando llama un número los cuatro niños caminan a gatas. El lado que consigue sacar la pelota del cuadro gana.

We also play *pulga* ball. A huge ball is put in the middle of a square of students. Our teacher gives each side the same numbers. When he calls out a number, the four kids walk out on their hands and feet. The side that kicks the ball outside the square wins.

Hola, me llamo Federico. Mi padre jugaba fútbol en Argentina. Ahora me enseña y entrena a mi equipo. Practicamos después de la escuela.

Hi, my name is Federico. My father played soccer in Argentina. Now he teaches me and coaches my team. We practice after school.

Jugábamos el partido final del torneo. Hacía mucho frío y viento, pero ganamos. A todos nos dieron medallas. Yo metí el gol de la victoria.

We played in the tournament game at the end of the season. It was very cold and windy, but we won. We all got medals. I made the winning goal that day.

Hay un juego que consiste en tomar una piedra, lanzarla al aire, tomar otra y recoger en el aire la que cae. En otro juego, lanzo una pelotita entre los dedos de un amigo, con un golpe rápido, mientras él mueve los dedos para impedir que la pelota pase.

In one game, we pick up a stone, throw it in the air, grab another and catch the stone in mid air. In another game, I flick a small ball through my friend's fingers as he wiggles them to block the ball.

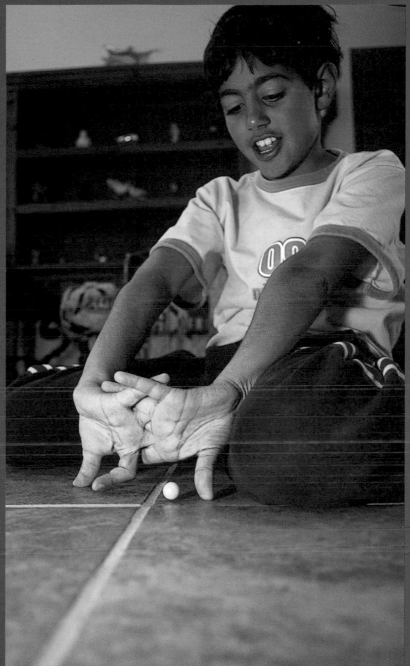

Uno de mis juegos favoritos es el ping-pong. Trato de jugar lo más que puedo para poder jugar mejor. Es divertido, especialmente cuando gano un punto.

One of my favorite games is Ping-Pong. I'm trying to play a lot so that I can get to be really good at it. It's exciting, especially when I get the point.

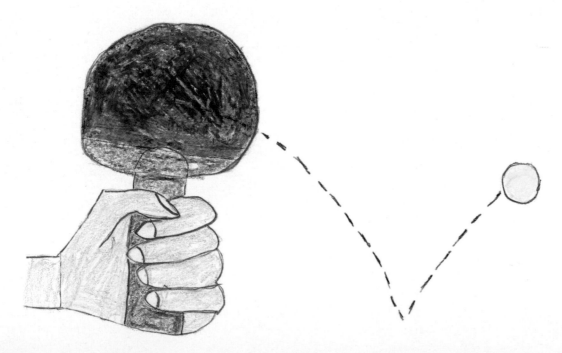

También jugamos al salto de la rana. Mis amigos se ponen en fila y se agachan. El último niño corre y salta sobre cada uno de nosotros. Cuando llega al frente, se agacha y el último de la fila empieza a correr. Nosotros podemos recorrer así toda la calle.

We also play Leap-frog. My friends line up and bend over. The last boy runs and jumps over each one. When he gets to the front, he bends down and the last guy runs. We can go down the street this way.

La familia

Esperanza Armendáriz, la madre de Belinda, creció en un pueblo pequeño en México llamado "El Pueblito". Salió cuando tenía diecisiete años. Se vino a vivir a Estados Unidos con su hermana y a buscar un trabajo. Cuando conoció a su marido regresaron a México para casarse pero volvieron para trabajar. Piensa quedarse aquí para darle mejores oportunidades a Luis y Belinda.

Los padres de Federico, Gerardo y Sandra Ortiz, salieron de Argentina y se fueron a Suiza para que Gerardo pudiera estudiar el doctorado en física. Hoy Gerardo es un científico en el Laboratorio Nacional de Los Álamos. Sandra es profesora de idiomas en la Universidad. Ya que sus tres hijos, Federico, Nicole y Matthias, nacieron en Estados Unidos, piensan quedarse en este país.

Para mantener fuertes los vínculos familiares, ellos viajan con frecuencia a Argentina, y los abuelos vienen a Estados Unidos para visitarlos.

The Family

Belinda's mother, Esperanza Armendariz, grew up in a little town in Mexico called "El Pueblito". She left when she was seventeen years old. She came to live in the United States with her sister and to find a job. When she met her husband, they returned to Mexico to get married but came back to work. She plans to stay here to provide better opportunities for Luis and Belinda.

Federico's parents, Gerardo and Sandra Ortiz, left Argentina and went to Switzerland so that Gerardo could study for his Ph.D. in physics. Today, Gerardo is a scientist at the Los Alamos National Laboratory. Sandra teaches languages in the university. Since their three children, Federico, Nicole and Matthias, were born in the United States, they plan to stay.

To keep their family ties strong, they visit Argentina and the grandparents visit the United States.

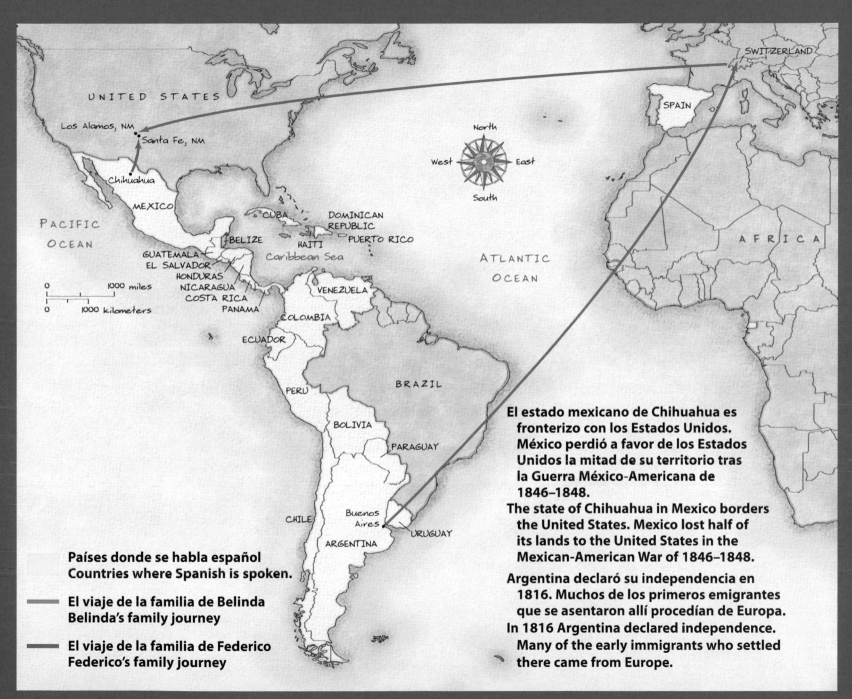

North
West · East
South

UNITED STATES

Los Alamos, NM
Santa Fe, NM
Chihuahua
MEXICO

PACIFIC OCEAN

CUBA
DOMINICAN REPUBLIC
BELIZE
HAITI
PUERTO RICO
GUATEMALA
EL SALVADOR
HONDURAS
NICARAGUA
COSTA RICA
PANAMA
Caribbean Sea

VENEZUELA
COLOMBIA
ECUADOR

PERU

BRAZIL

BOLIVIA

PARAGUAY

CHILE

Buenos Aires
ARGENTINA
URUGUAY

ATLANTIC OCEAN

SWITZERLAND

SPAIN

AFRICA

0   1000 miles
0   1000 kilometers

Países donde se habla español
Countries where Spanish is spoken.

El viaje de la familia de Belinda
Belinda's family journey

El viaje de la familia de Federico
Federico's family journey

El estado mexicano de Chihuahua es fronterizo con los Estados Unidos. México perdió a favor de los Estados Unidos la mitad de su territorio tras la Guerra México-Americana de 1846–1848.

The state of Chihuahua in Mexico borders the United States. Mexico lost half of its lands to the United States in the Mexican-American War of 1846–1848.

Argentina declaró su independencia en 1816. Muchos de los primeros emigrantes que se asentaron allí procedían de Europa.

In 1816 Argentina declared independence. Many of the early immigrants who settled there came from Europe.

Juegos

Cada juego tiene reglas que debemos aprender para jugar bien. Algo muy importante es pensar si vamos a jugar solos o en equipo.

En un equipo dependemos los unos de los otros. Cada jugador tiene una posición y una función. Al final de un partido, cuando estamos cansados y sudados, nos gusta sentir que lo hicimos lo mejor posible. Esa actitud influye en que ganemos o perdamos . . . y eso es lo divertido de un juego.

Games

Every game has rules that we must learn in order to become good at it. One of the most important things is to be able to think, whether we play alone or with a team.

In a team we depend on one another. Each player has a position and a job to do. At the end of a game, when we are tired and sweaty, we should feel that we did our best. This attitude is what affects whether we win or lose . . . and that is the fun of a game.

Palabras en español = **Words in English**

cartas	=	picture cards
correr	=	run
equipo	=	team
esconder	=	to hide
escuela	=	school
fútbol	=	soccer
jugar	=	play
maestro	=	teacher
medalla	=	medals
pelota	=	ball
torneo	=	tournament

Índice

Index

Sobre el autor

A George Ancona le gusta trabajar. Generalmente cuanto más duro es el trabajo, a él leparece más interesante. Si no sería aburrido. Así que empaca sus cámaras y viaja por el mundo buscando gente, llegando a conocerlas, tomando fotos y escuchando sus historias. Luego pone todo esto en un libro. ¿Por qué? Porque es divertido.

About the Author

George Ancona likes to work. Usually, the harder the work, the more interesting it is to him. Otherwise, he would find it boring. So he packs his bag with cameras and travels around the world to meet people, get to know them, take their pictures, and hear their stories. Then he puts all this into a book. Why? Because it's fun.

Sobre Alma Flor Ada y F. Isabel Campoy

Alma Flor Ada vino sola desde Cuba a Los Estados Unidos a los 17 años. Fue a Denver, Colorado, con una beca porque podía ayudar a enseñar español. Isabel Campoy llegó desde España a Trenton, Michigan, a los 16 años. Ella también vino gracias a una beca. Alma Flor e Isabel han escrito muchos libros en sus dos idiomas.

About Alma Flor Ada and F. Isabel Campoy

Alma Flor Ada came to the United States by herself at age seventeen. She came from Cuba, and went to Denver, Colorado, on a scholarship because she could help to teach Spanish. Isabel Campoy was sixteen when she arrived in Trenton, Michigan, from Spain. She also came with a scholarship. Alma Flor and Isabel have written many books in their two languages.